BEI GRIN MACHT SICI
WISSEN BEZAHLT

- Wir veröffentlichen Ihre Hausarbeit,
  Bachelor- und Masterarbeit

- Ihr eigenes eBook und Buch -
  weltweit in allen wichtigen Shops

- Verdienen Sie an jedem Verkauf

Jetzt bei www.GRIN.com hochladen
und kostenlos publizieren

Bibliografische Information der Deutschen Nationalbibliothek:

Die Deutsche Bibliothek verzeichnet diese Publikation in der Deutschen National-
bibliografie; detaillierte bibliografische Daten sind im Internet über http://dnb.d-
nb.de/ abrufbar.

Impressum:

Copyright © 2017 GRIN Verlag, Open Publishing GmbH
Druck und Bindung: Books on Demand GmbH, Norderstedt Germany
ISBN: 9783668404830

Dieses Buch bei GRIN:

http://www.grin.com/de/e-book/354158/mitarbeitermotivation-in-der-betrieblichen-
praxis-motivationstheorien

Sebastian Liepe

Mitarbeitermotivation in der betrieblichen Praxis. Motivationstheorien nach Frederick Herzberg, Abraham Maslow und Victor Harald Vroom

GRIN Verlag

GRIN - Your knowledge has value

Der GRIN Verlag publiziert seit 1998 wissenschaftliche Arbeiten von Studenten, Hochschullehrern und anderen Akademikern als eBook und gedrucktes Buch. Die Verlagswebsite www.grin.com ist die ideale Plattform zur Veröffentlichung von Hausarbeiten, Abschlussarbeiten, wissenschaftlichen Aufsätzen, Dissertationen und Fachbüchern.

Besuchen Sie uns im Internet:

http://www.grin.com/

http://www.facebook.com/grincom

http://www.twitter.com/grin_com

Hamburger Fern-Hochschule

Studiengang Wirtschaftsingenieurwesen

Studienzentrum Stuttgart

Modul Arbeits- und Organisationspsychologie

WB00-AOP-PH1-170114

Hausarbeit zum Thema

Von den Motivationstheorien zur Anwendung in der betrieblichen Praxis

Herbstsemester 2016

von

Sebastian Liepe

Abgabedatum: 14.01.2017

Inhaltsverzeichnis

1. Einleitung

Dass Mitarbeiter in ihren Unternehmen kontinuierlich gute Arbeitsleistung erbringen ist nicht selbstverständlich. Die Leistungsbereitschaft eines Mitarbeiters hängt wesentlich von den drei Faktoren Leistungsbedingungen, Leistungsvermögen und Leistungsbereitschaft/Motivation ab (vgl. Jung 2010, S. 953). In der vorliegenden Hausarbeit soll der dritte Faktor Leistungsbereitschaft bzw. Motivation näher betrachtet und die theoretischen Modelle im Unternehmensalltag integriert werden.

Seit 2001 führt das Gallup-Institut Arbeitnehmerumfragen zum Thema Arbeitszufriedenheit durch. Zwar lässt sich erkennen, dass seit der Wirtschaftskrise 2008 die Zahlen derjenigen, die keine emotionale Bindung zum Arbeitsplatz haben, zurückgegangen sind. Jedoch geben immer noch 16% an, dass sie mit dem Arbeitsplatz unzufrieden sind und sich somit mit diesem oder dem Unternehmen auch nicht identifizieren können. Die Untersuchung hat wiederholt gezeigt, dass ein schlechtes Management die Hauptursache ist (vgl. Gallup-Institut).

Die Arbeitsleistung und somit die emotionale Bindung mit dem Arbeitsplatz und dem Unternehmen kann nur durch motivierte Mitarbeiter gelingen.

Die Motivation der Mitarbeiter in dem Unternehmen hat durch gesellschaftliche Veränderungen bei den Mitarbeitern einen immer höheren Stellenwert eingenommen. Mitarbeiter setzen sich selbstbewusster, aber auch kritischer mit der Arbeit auseinander. Es ist nicht mehr nur wichtig, eine bestimmte Einkommenshöhe zu erreichen. Erreicht der Mitarbeiter sein gestecktes Ziel der Einkommenshöhe, ist die Art der Arbeit für Ihn genauso wichtig, wie die Höhe des Lohns.

Durch den hohen Automatisierungsgrad in der Wirtschaft wurde einerseits die Arbeitsleistung verringert, auf der anderen Seite werden hochqualifizierte und selbstständig arbeitende Mitarbeiter für kreative und schwierige Arbeiten benötigt. Unternehmen sind danach bestrebt, das Leistungsvermögen der Mitarbeiter ganzheitlich auszunutzen, um ihr Unternehmensziele zu realisieren.

Es ist entscheidend, inwieweit es ein Vorgesetzter schafft, die individuellen Ziele des Mitarbeiters für die übergeordneten Unternehmensziele einzusetzen. Die Motivation jedes einzelnen Mitarbeiters spielt für das Gesamtergebnis (Erfolg/Misserfolg) eine große Rolle (vgl Jung 2010, S. 953–954).

2. Begriffe und Begriffserklärung

Um sich mit den Motivationstheorien zu beschäftigen, ist es notwendig einige Begriffe näher zu erläutern. Dies soll erleichtern, dass die Motivationstheorien in der Praxis angewendet werden können. Nachfolgend werden die Grundbegriffe Motiv, Bedürfnis und die Motivation im Allgemeinen sowie eine detailliertere Erläuterung der extrinsischen und intrinsischen Motivation erfolgen.

2.1 Motiv

In Hinblick auf Motive unterscheidet sich jeder Mensch von den anderen. Über Motive definieren wir, wie wir unterschiedlichste Handlungssituationen wahrnehmen und beurteilen (vgl. Rheinberg et al. 2004, S. 62).

Motive sind dafür verantwortlich, dass Mitarbeiter immer wieder die gleiche Person-Situations-Interaktion heranziehen. Beispiele hierfür sind, dass ein Mitarbeiter immer bessere Leistungen erbringen will, als andere (Leitungsmotiv), ein anderer möchte „Macht" über Mitarbeiter haben und diese lenken, leiten und steuern (Machtmotiv) oder es gibt Personen, die von anderen Personen einfach nur gemocht werden wollen (Affiliationsmotiv).

Es ist wichtig, bei den Motiven die Situation zu berücksichtigen, um das Verhalten der Mitarbeiter richtig deuten zu können. Im Beispiel des Leistungsmotivs kann die Arbeit nur motiviert bearbeitet werden, weil der Vorgesetzte den Mitarbeiter gerade beobachtet oder weil die aktuelle Arbeit für den Mitarbeiter selbst interessant ist (vgl. Nerdinger et al. 2014, S. 420).

Abschließend finde ich, dass ein Zitat von RHEINBERG den Begriff Motiv ganz einfach aber auf den Punkt beschreibt: „Das Motiv ist also so etwas wie eine spezifisch eingefärbte Brille, die ganz bestimmte Aspekte von Situationen auffällig macht und als wichtig hervorhebt[...]." (Rheinberg et al. 2004, S. 63).

2.2 Bedürfnis

„Ausgangspunkt des wirtschaftlichen Handelns sind die Bedürfnisse des Menschen. Unter Bedürfnissen versteht man die tatsächlichen oder objektiven Mangelempfindungen nach Sachgütern oder Dienstleistungen mit dem gleichzeitigen Wunsch ihrer Befriedigung." (Jung 2010, S. 2).

Die Bedürfnisse können von Mensch zu Mensch unterschiedliche sein. Prinzipiell unterscheidet man Bedürfnisse nach ihrer Dringlichkeit, dem Bewusstsein und der Erscheinungsform. Die **Dringlichkeit** der Bedürfnisse wird unterteilt in:

Existenzbedürfnisse: Sind Bedürfnisse, die zur Erhaltung des Lebens notwendig sind. Hierzu zählen neben Essen und Trinken, auch Kleidung und eine Wohnung.

Grundbedürfnisse: Diese Bedürfnisse sind nicht unbedingt existenznotwendig, ergeben sich aber aus der sozialen und kulturellen Umgebung. Grundbedürfnisse sind neben dem Radio und dem Kühlschrank auch beispielsweise Bildung.

Luxusbedürfnisse: gelten als verzichtbare Bedürfnisse. Zu den Luxusbedürfnissen zählen Lebensbedürfnisse. wie Genussmittel, Luxusyacht oder Schmuck.

Des Weiteren unterscheiden sich Bedürfnisse nach dem Bewusstsein. Hierbei wird zwischen offene und latente Bedürfnisse unterschieden.

offene Bedürfnisse: auch bewusste Bedürfnisse genannt, sind der bewusste Wunsch nach etwas (z.B. ein neuer Fernseher).

latente Bedürfnisse: Sind Bedürfnisse, die aktuell noch nicht bewusst erkennbar sind. Diese Bedürfnisse werden erst nach einem Impuls von außen (z.B. Werbeflyer, Fernsehwerbung) als ein reales Bedürfnisse von der betroffene Person empfunden.

Bedürfnisse können außerdem in **individueller** oder **kollektiver Form** erscheinen. Ist die Erscheinungsform individueller Natur, geht das Bedürfnis vom Einzelnen aus. Bei der kollektiven Form ist davon auszugehen, dass das Bedürfnis nur durch eine Gruppe, Familie oder auch Verein, befriedigt werden kann (vgl. Jung 2010, S. 2–3).

2.3 Motivation

„„Hoch motiviert zu etwas" kann bedeuten, daß[!] jemand alle Kräfte mobilisiert, um etwas Bestimmtes zu erreichen, sich durch nichts davon abbringen läßt[!], nur noch das Ziel vor Augen hat und darauf fixiert ist und nicht eher ruht, bis er es erreicht hat" (Rheinberg et al. 2004, S. 14).

Demnach beinhaltet der Begriff Motivation die Ausrichtung auf ein Handlungsziel und die damit verbundenen Gedanken und Gefühle. Motivation ist sowohl für die Wissenschaft als auch für die betriebliche Praxis von großer Bedeutung, da damit die Leistung der Mitarbeiter erklärt wird (vgl. Nerdinger et al. 2014, S. 421).

Der allgemeine Begriff Motivation kann weiter in extrinsische und intrinsische Motivation unterteilt werden. Auf diese zwei Untergliederungen der Motivation wird im Folgenden eingegangen.

2.3.1 Extrinsische Motivation

„Extrinsische Motivation bedeutet, dass wir etwas tun, um eine Belohnung zu erhalten oder eine Strafe zu vermeiden." (Intrinsische Motivation vs extrinsische Motivation | Anchu Kögl).

Die Motivation wird durch äußere Reize hervorgerufen. Anstehende Aufgaben werden nicht aus eigenem Antrieb verrichtet, sondern nur wenn eine positive Belohnung oder die Vermeidung einer Strafe in Aussicht gestellt wird. Extrinsische Motivation erfolgt durch externe Faktoren, wie Bezahlung, Anerkennung oder Lob der erbrachten Leistung.

2.3.2 Intrinsische Motivation

Der Antrieb, etwas zu tun, kommt von innen. Man tut etwas, da es einen erfüllt, weil man Spaß daran hat oder es eine Herausforderung für einen darstellt. Man erwartet für die Bewältigung der Herausforderung keine Belohnung, da die Ausführung der Aktivität schon die Belohnung darstellt (vgl. Intrinsische Motivation vs extrinsische Motivation | Anchu Kögl).

3. Motivationstheorien

Um die im folgenden Kapitel 4 beschriebene Problemsituation im Unternehmen zu verbessern bzw. zu lösen, wurden drei verschiedene theoretische Motivationsansätze zur Problemlösung gewählt.

„Weit verbreitet ist eine Trennung in Inhaltstheorien und Prozesstheorien. Diese Klassifizierung berücksichtigt nicht, dass auch bei den Inhaltstheorien Prozessabläufe sowie bei verschiedenen Prozesstheorien auch verschiedene Motivinhalte beschrieben werden und sie es nicht ermöglicht, die Theorien der Leistungsmotivation einheitlich zuzuordnen." (Becker 2002, S. 370).

Um eine zutreffende Unterteilung zu ermöglichen, sollten die Motivationstheorien in humanistische und kognitivistische Konzepte unterteilt werden. Bei den humanistischen Motivationstheorien werden die Herzberg-Zweifaktoren-Theorie und die Maslowsche Bedürfnispyramide, bei der kognitivistischen Motivationstheorie die Valenz-Instrumentalitäts-Erwartungs-Theorie (VIE-Theorie) von Vroom näher betrachtet (vgl. Becker 2002, S. 370).

3.1 Humanistische Motivationstheorie (Inhaltstheorie)

3.1.1 Zweifaktoren-Theorie von Herzberg

In seiner Zweifaktoren-Theorie steht bei den Untersuchungen von Herzberg die Arbeitszufriedenheit im Fokus. Er untersuchte, was Unzufriedenheit abbaut oder verhindert und welche Faktoren im Gegenzug Zufriedenheit beim Arbeitenden hervorruft. Seine Theorie baut auf die Maslowsche Bedürfnispyramide auf. Das Besondere an dieser Theorie ist, dass Herzberg zwei voneinander unabhängige Dimensionen der Arbeitszufriedenheit annahm. Er unterschied zwischen Unzufriedenheit und Nicht-Unzufriedenheit sowie zwischen Zufriedenheit und Nicht-Zufriedenheit (vgl. Wirtschaftslexikon24 2015).

In seiner Motivationstheorie unterschied Herzberg zwischen Motivationsfaktoren (Motivatoren oder satisfier) und Hygienefaktoren (dissatisfier):

> **Motivatoren:** stellen die Arbeitszufriedenheit dar. Diese Zufriedenheit wird durch intrinsische Faktoren erreicht. Zu diesen Faktoren zählen überwiegend Leistungs- und Erfolgserlebnisse, Anerkennung für geleistete Arbeit aber auch Möglichkeiten zur Entfaltung der Persönlichkeit (vgl. Die

Zwei-Faktoren-Theorie von Herzberg). Gerade durch den zuletzt aufgeführten Faktor, sind die Motivatoren größtenteils der fünften Stufe der Maslowschen Bedürfnispyramide gleichzusetzen. Fehlen diese Faktoren, erkennt der betreffende Mitarbeiter keine Unzufriedenheit, motiviert ist der Mitarbeiter dann aber auch nicht (vgl. Baum, S. 18).

Hygienefaktoren: Diese Faktoren werden durch Unzufriedenheit in der Arbeitswelt hervorgerufen. Es sind extrinsische Faktoren, wie Personalpolitik, Kontrolle durch den Vorgesetzten und auch die Beziehung zu den Vorgesetzten, Kollegen und Mitarbeitern. Es sind Faktoren, die der Mitarbeiter selbst kaum beeinflussen kann und treten erst in Erscheinung, wenn sie sich durch Unzufriedenheit außerhalb der gewohnten Erwartungen bewegen. Werden die Faktoren ausreichend berücksichtigt, verschwindet zwar die Unzufriedenheit, eine automatische Zufriedenheit tritt aber nicht ein (vgl. Die Zwei-Faktoren-Theorie von Herzberg).

Durch den Ansatz nicht nur den Kontext der Arbeit, die Hygiene-Faktoren, sondern auch den Motivationsfaktor des Arbeitsinhaltes zu betrachten, macht die Theorie von Herzberg auch heute noch bedeutsam für die betriebliche Praxis. Bei der Anwendung in der betrieblichen Praxis ist aber zu bedenken, dass auch diese Motivationstheorie einige Schwachpunkte aufweist. Gleich der Maslowschen Bedürfnispyramide werden individuelle Gliederungen der Bedürfnisstruktur unzureichend berücksichtigt. Auch die Grauzone zwischen den beiden Extremen sehr zufrieden und sehr unzufrieden bleibt unbeachtet, was in der betrieblichen Praxis zu Fehlinterpretationen führen kann (vgl. Jung 2010, S. 963).

3.1.2 Maslowsche Bedürfnispyramide

Bei seiner Arbeit entdeckte Maslow, dass jeder Mensch Bedürfnisse hat, die gestillt werden müssen. Dabei gibt es Bedürfnisse, die Vorrang vor anderen Bedürfnissen haben (vgl. Wieser, S. 4).

„Wenn Sie zum Beispiel hungrig und durstig sind, werden Sie sich zunächst um Ihren Durst kümmern. Denn ohne Nahrung kann man wochenlang auskommen, ohne Wasser hält man nur einige Tage durch! Durst ist also ein "stärkeres" Bedürfnis als Hunger" (Wieser, S. 4).

Aus diesen Untersuchungen entwickelte Maslow seine berühmte Bedürfnispyramide.

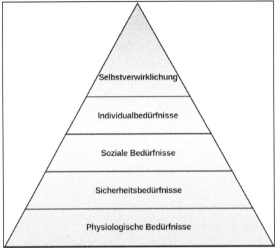

Abb. 1 Maslowsche Bedürfnispyramide (Wikipedia)

Die Bedürfnisse sind von unten nach oben hierarchisch aufgebaut. Die unterste Stufe oder Basis der Bedürfnispyramide bildet die physiologischen Bedürfnisse, gefolgt von den Sicherheitsbedürfnissen, sozialen Bedürfnisse und dem Bedürfnis nach Wertschätzung. Diese vier genannten Stufen nennt man auch Defizitbedürfnisse. Wird eines dieser Bedürfnisse nicht gestillt, verspürt man dieses.

Die Spitze der Bedürfnispyramide bildet das Bedürfnis nach Selbstverwirlichung. Maslow spricht hier auch von der Motivation, sich zu entwickeln. Die einzelnen Stufen sollen im Folgenden näher beschrieben werden.

physiologische Bedürfnisse: umfasst das Bedürfnis nach Essen, Trinken, Sauerstoff, aber auch unsere Körpertemperatur aufrecht zu erhalten.

Sicherheitsbedürfnisse: Ist die erste Stufe weitgehend abgedeckt, werden sichere Umgebungsbedingen, Ordnung und Stabilität in den Mittelpunkt der Bedürfnisse gestellt.

soziale Bedürfnisse: Sind die untersten zwei Stufen zum Großteil abgedeckt, steigt der Wunsch nach einem Gemeinschaftsgefühl. Es steigen Bedürfnisse, wie der Wunsch zu heiraten, eine Familie zu gründen oder ein Teil einer Gemeinschaft zu werden.

Bedürfnis nach Wertschätzung: Der Mensch beginnt als nächstes nach der Suche nach Selbstachtung. Hierbei unterscheidet Maslow zwischen einer niedrigen und höheren Form der Selbstachtung. Die niedrige Form beschreibt das Bedürfnis nach Ruhm, Respekt von anderen oder einen guten Ruf. Die höhere Form dagegen umfasst das Selbstvertrauen, Kompetenz aber auch Unabhängigkeit und Freiheit.

Selbstverwirklichung: Es müssen alle Defizitbedürfnisse weitgehend erfüllt sein, um der Stufe der Selbstverwirklichung näher zu kommen. Hat man die Stufe der Selbstverwirklichung erreicht und stillt seine Bedürfnisse danach, werden diese tendenziell sogar noch stärker. Die Stufe kann nie abgeschlossen werden. Man will seine Potenziale immer wieder aufs Neue komplett ausschöpfen (vgl. Wieser, S. 7).

Das besondere an der Maslowschen Motivationstheorie ist, dass die nächst höhere Stufe erst dann erreicht werden kann, wenn das Bedürfnis der darunterliegenden Stufe subjektiv vollständig erfüllt ist.

Ist beispielsweise das Bedürfnis nach Essen und Trinken nicht gesichert bzw. gestillt, rücken Bedürfnisse wie Zugehörigkeit oder ein guter Ruf in den Hintergrund.

Die Maslowschen Motivationstheorie kann sehr gut verwendet werden, um sich einen ersten Überblick in die Motivationsproblematik zu verschaffen, da diese Motivationstheorie sehr übersichtlich und leicht verständlich aufgebaut ist. Sie steht aber auch in der Kritik, denn es kann durchaus vorkommen, dass sich einzelne Stufen vermischen oder die Grenzen fließend sind. Hinzu kommt, dass Maslow davon ausgeht, dass die Defizitbedürfnisse weitgehend abgedeckt werden sein müssen, damit das Bedürfnis der Selbstverwirklichung überhaupt in den Vordergrund treten kann. Viele Künstler der vergangenen Jahrhunderte haben jedoch gezeigt, dass sie auch unter ärmlichsten Bedingungen kreativ waren und sich somit selbst verwirklicht haben (vgl. Wieser, S. 11–12).

3.2 Kognitivistische Motivationstheorie (Prozesstheorie)

3.2.1 VIE-Theorie von Vroom

Die VIE-Theorie oder auch Erwartungsvalenztheorie bildet das Grundmodell aller heute bekannten neuen Prozesstheorien. Die Theorie verfolgt den Ansatz, dass die Motivation bzw. Leistungsmotivation eines Mitarbeiters davon abhängt, ob er durch höhere Leistung oder besser Arbeitsqualität seine persönlichen Ziele erreichen kann (vgl. Jung 2010, S. 963).

„Mit Hilfe empirischer Untersuchungen wurde festgestellt, dass bestimmte Verhaltensweisen bei einem Menschen nur dann aktiviert werden, wenn eine positive Mittel-Zweck-Beziehung zwischen einer Handlung (z.b. dem Leisten von Überstunden), deren Ergebnis (z.b. der Bezahlung) und einem verfolgten Ziel (z.b. dem Erwerb einer Wohnung) erkennbar ist." (Seitz 2010, S. 57).

Im Augenmerk der VIE-Theorie stehen die Erwartung (E), die Instrumentalität (I) und die Valenz, welche im Folgenden näher erläutert werden sollen.

Erwartung: Die Erwartung kann einen Wert zwischen $0 < E < 1$ annehmen. Es ist die subjektive Einschätzung des Mitarbeiters, mit welcher Wahrscheinlichkeit sein Handeln zu dem von ihm angestrebten Handlungsziel führt (Ergebnis I, Abb. 1).

Instrumentalität: gibt an, ob durch die Handlung und der daraus resultierende Folge das gewünschte Ziel (Ergebnis II, Abb. 1) erreicht werden kann. Es wird abgewogen, ob die Handlung das richtige Mittel darstellt.

Abb. 2 Erwartung und Instrumentalität in der VIE-Theorie (vgl. Jung 2010, S. 964)

Valenz: Valenz spiegelt die empfundene Belohnung der Mitarbeiter wieder, welche mit der Erreichung des Handlungsziels verbunden ist. Bei der Valenz stellt sich der Mitarbeiter die Frage, welchen Nutzen er persönlich beim Erreichen des Endergebnisses hat. Bestimmend sind die Motive und der Anreiz.

Aus dem Produkt der drei erläuterten Faktoren ergibt sich nach Vroom die Motivation bzw. Leistungsbereitschaft:

Motivation = Erwartung x Instrumentalität x Valenz

Nach VROMM gelangt man besonders zu motivierte Mitarbeiter, wenn:

- Aktivitäten führen höchstwahrscheinlich zum gewünschten Ergebnis (Erwartung)

- persönliche Ziele des Mitarbeiters werden wahrscheinlich mit dem Erreichen des Handlungsergebnis realisiert (Instrumentalität)

- entsprechend seinen Bedürfnissen empfindet der Mitarbeiter die Anreize besonders positiv (Valenz)

Trotz mehrfach bestandener empirischer Untersuchungen gibt es auch an der Motivationstheorie von Vroom einige Kritikpunkte. Mitarbeiter können in ihrem beruflichen Alltag meist nicht abwägen, welches Handeln zu den persönlichen Erwartungen führt. Des Weiteren ist es fraglich, ob ein Mensch alle eingehenden Informationen rational bewertet und filtert.

Ein wichtiger Punkt ist aber, dass Vroom die Instrumentalität berücksichtigt, die bei den oben genannten Inhalttheorien komplett vernachlässigt wird (vgl. Jung 2010, S. 965).

4. Anwendung der Motivationstheorien in der Praxis

4.1 Unternehmensvorstellung

Das nachfolgend aufgeführte Unternehmen, in dem Motivationsprobleme anhand der theoretischen Ansätze behandelt wurden, wird aus geheimhaltungsgründen Kamera GmbH genannt.

Das mittelständische Unternehmen Kamera GmbH ist im industriellen Bildverarbeitungsbereich tätig. Das Unternehmen, mit Sitz in der Nähe von Heilbronn, hat ca. 220 Mitarbeiter an diesem Standort und feiert dieses Jahr sein 20-Jähriges Bestehen.

Das Unternehmen Kamera GmbH entwickelt alle Komponenten der Kameras und die benötigte Software zum Betreiben der Kameras selbst. Die Komponenten werden dann in der eigenen Produktion am Standort montiert, getestet und an den Kunden versandt. Alle entwickelten Komponenten werden durch externe Dienstleister angefertigt.

Um den am Markt aufgebauten hohen Qualitätsstandard gegenüber den Kunden zu gewährleisten, werden alle extern gefertigten Komponenten einer technischen Wareneingangskontrolle auf Einhaltung der Spezifikation unterzogen.

Da alle Komponenten direkt nach der Wareneingangsprüfung in das Kommissionierlager der Produktion gelangen, ist eine gewissenhafte Überprüfung zwingend notwendig.

4.2 Ausgangssituation im Unternehmen

Im Zusammenhang mit einer Ursachenanalyse von vermehrten internen Produktionsreklamationen, aber auch vereinzelten Kundenreklamationen, wurde vermutet, dass die Wareneingangsprüfungen gar nicht oder nicht gewissenhaft durchgeführt werden. In vorliegenden Fall bedeutet das, dass Prüfpunkte der Wareneingangsprüfung systemseitig abgehakt wurden, obwohl die Prüfungen nicht durchgeführt waren.

Um diese Vermutung zu überprüfen, wurden in zehn Prüfplänen von Komponenten, die im Laufe der folgende Woche angeliefert werden sollten, mit einem zusätzlichen fiktiven Prüfpunkt aufgeführt. Da drei Wareneingangsprüfer angestellt sind, wurde geschaut, dass die modifizierten Prüfpläne auf alle drei verteilt werden. Lediglich einer Prüferin ist der zusätzliche Prüfpunkt aufgefallen, jedoch auch erst bei der zweiten Komponente. Bei acht von zehn Prüfungen wurde der zusätzliche Prüfpunkt nicht beachtet und einfach „durchgeklickt".

Da die Abteilung Wareneingangsprüfung in meiner Verantwortung liegt, habe ich als Folge der ersten Untersuchung mit allen drei Mitarbeiterinnen der Wareneingangsprüfung ein Mitarbeitergespräch geführt. Jeder Mitarbeiterin sollte ohne Voreingenommenheit die Möglichkeit gegeben werden, offen Gründe für das Nichtbeachten des zusätzlichen Prüfpunkts zu nennen. Ziel war es nicht, die einzelnen Mitarbeiterinnen zu beschuldigen, sondern offen Probleme anzusprechen und im Anschluss daran Lösungen zu erarbeiten.

Aus den Mitarbeitergesprächen ergaben sich folgende fünf Punkte, die zu diesem Verhalten geführt haben:

1)   Die Handhabung einiger Prüfanweisungen ist unklar. Die Anwendung von beschriebenen Messmittel oder das Herauslesen von Maßen aus der Zeichnung ist nicht immer verständlich und klar.

2)   Angestrebte Verbesserungen zur Produktqualität werden von den zuständigen Stellen nicht wahrgenommen.

3)   Dauerhafte Kontrolle der Mitarbeiter durch den Vorgesetzten verunsichert zusätzlich und mindert die Motivation. Fachliche Kompetenz des Vorgesetzten bei Rückfragen lässt zu wünschen übrig.

4)   Fehlende Verantwortung der einzelnen Mitarbeiter in der Wareneingangskontrolle.

5)   Keine Belohnung bei guter Arbeit bzw. keine Konsequenzen („Es passiert ja eh nichts, wenn man es nicht macht.") bei schlechter Arbeit.

4.3 Anwendung der Motivationstheorien

Die in Kapitel 3 beschrieben Motivationstheorien nach Maslow, Herzberg und Vroom sollen nun genutzt werden, die Motivation und somit die Arbeitsleistung der Mitarbeiter zu steigern, um somit zukünftige Reklamationen, zurückzuführend auf die fehlerhafte Durchführung der Wareneingangskontrolle, zu vermeiden.

4.3.1 Ansatz nach Maslow

Die zwei ersten Punkte aus dem Ergebnis der Mitarbeitergespräche lassen sich durch den Ansatz von Maslow betrachten.

Punkt 1 ist auf die vierte Stufe, dem Bedürfnis nach Wertschätzung, zuzuordnen. Dass Prüfanweisungen nicht durchgeführt werden können, da sie inhaltlich unklar sind, ist auf fehlende Kompetenz der Mitarbeiter zurückzuführen. Es bewirkt eine Demotivation bei den Mitarbeitern, wenn diese die Prüfungen aufgrund von fehlenden Informationen nur teilweise oder im schlimmsten Fall gar nicht durchführen können.

Lösungsansatz zu Punkt 1. Da die Prüfpläne nicht von den Mitarbeiterinnen in der Wareneingangskotrolle erstellt werden, sondern von der Abteilung Prüfplanung, in der hochqualifiziertes Personal arbeitet, war es wichtig, beide beteiligte Abteilungen an einen Tisch zu bekommen. Zukünftig werden alle neu angelegten Prüfpläne mit den drei Wareneingangsmitarbeiterinnen durchgesprochen und bei auftretenden Problemen bei der Durchführung entsprechende Hilfestellung durch die Abteilung der Prüfplanung gegeben. Es wurde vereinbart, dass es Qualitätsschulungen im Umgang mit neuem oder bestehendem Messequipment geben wird, welche im jährlichen Schulungsplan der Mitarbeiterinnen aufgenommen wurde.

Punkt 2 ist auf die dritte Stufe der Maslowschen Bedürfnispyramide, den sozialen Bedürfnissen, zurückzuführen. Die Mitarbeiterinnen fühlen sich durch andere Abteilungen nicht wahr genommen und diese fehlende Beachtung wirkt sich ebenfalls demotivierend aus.

Lösungsansatz zu Punkt 2. Im Unternehmen wurde ein Verbesserungswesen installiert. Jeder Mitarbeiter kann über das Unternehmenswiki einen Verbesserungsvorschlag für beispielsweise Qualitätsprobleme, Einsparungspotenziale oder Prozesserleichterungen einbringen. Alle eingereichten Verbesserungsvorschläge werden durch die betreffende Fachabteilung geprüft, beurteilt und wenn möglich umgesetzt. Das wichtigste aber ist, dass sich jeder Mitarbeiter jederzeit über den Stand des Verbesserungsvorschlags informieren kann und immer über den Ausgang des Vorschlags informiert wird. Wird ein Vorschlag positiv bewertet, bekommt der Mitarbeiter eine entsprechende Belohnung. Diese kann von geringen Gutscheinen bis hin zu beträchtlichen Geldbeträgen reichen. Auch wenn ein Vorschlag abgelehnt wird, bekommt der Mitarbeiter neben einer Beschreibung, warum der Vorschlag abgelehnt wurde, auch Punkte auf sein Vorschlagskonto gutgeschrieben, die ab einer bestimmten Summe in einen Geschenkgutschein umgewandelt werden können.

4.3.2 Ansatz nach Herzberg

Bei den aufgeführten Gründen drei und vier wurde zur Lösung der Motivationsprobleme die Zwei-Faktoren-Theorie von Herzberg angewendet.

Punkt 3 zählt zu den von Herzberg genannten Hygienefaktoren. Die zwei geschilderten Probleme führen zu einer Unzufriedenheit der Prüferinnen. Durch den folgenden Lösungsansatz wurde versucht eine Nicht-Unzufriedenheit zu erreichen.

Lösungsansatz zu Punkt 3. Nachdem in den offenen Mitarbeitergesprächen die dauerhafte Kontrolle des Teamleiters von allen Beteiligten angesprochen wurde und auch die fehlende Fachkompetenz bei inhaltlichen Fragen zu Prüfungen oder Reklamationen, wurde im Führungskreis entschieden, dass die Position des Teamleiters wegfällt und nicht neu ausgeschrieben wird. Der Teamleiter der Wareneingangskontrolle wurde in eine andere Abteilung versetzt. Durch diesen notwendigen Schritt bekommen die Mitarbeiterinnen außerdem mehr Verantwortung, was wiederum im Punkt 4 ein Kritikpunkt war.

Punkt 4 wird dem Faktor Motivator der Zwei-Faktoren-Theorie zugeordnet. Die fehlende Verantwortung der Mitarbeiterinnen schränkt diese in ihrer Selbstverwirklichung ein und demotiviert dadurch. Verantwortungsvolle Aufgaben hat in der Vergangenheit immer der Teamleiter übernommen und verantwortet.

Lösungsansatz zu Punkt 4. Durch das Versetzen des Teamleiters bekommt jede Mitarbeiterin in der Wareneingangsprüfung mehr Verantwortung. Reklamationen aus der Produktion müssen nun selbst verantwortet werden. Auch die Reklamationen bei einem negativen Prüfentscheid der Wareneingangskontrolle muss nun selbstständig angelegt, an den Einkauf adressiert und bei Rückfragen des Lieferanten verantwortet werden. Diese Aufgaben hatte der Teamleiter in der Vergangenheit übernommen.

4.3.3 Ansatz nach Vroom

Das unter Punkt 5 aufgeführte Problem, wurde nach der VIE-Theorie nach Vroom gelöst.

Punkt 5 ist der dem Faktor Valenz der VIE-Theorie zuzuordnen. Die fehlende Valenz der Handlungen demotiviert die Mitarbeiterinnen. Es fehlen positive bzw. negative Belohnungen der Mitarbeiter, sodass auch die Motivation fehlt.

Neben dem herausstechenden Faktor Valenz wurden auch die Faktoren Erwartung und Instrumentalität betrachtet. um auch über diese Faktoren bestimmte Anreize für die Mitarbeiterinnen zu schaffen.

Lösungsansatz zu Punkt 5. Durch die Normforderungen der ISO 9001:2015, Kennzahlen für das Unternehmen zu identifizieren und zu bewerten, wurde für die Wareneingangskontrolle eine Kennzahl definiert, um den Mitarbeiterinnen beim Erreichen der Kennzahl eine Prämie auszuschütten. Die Kennzahl wurde über die Reklamationsquote der Produktion und der Kunden definiert, die als Verursacher die Wareneingangskontrolle ausmacht. Monatlich wird diese Kennzahl in den Teambesprechungen vorgestellt und ggf. im Team Maßnahmen getroffen, um das Erreichen der Kennzahl zu sichern. Jährlich gibt es eine zusätzliche Prämie für die Mitarbeiterinnen, wenn die Kennzahl unterschritten bleibt.

Im Gegensatz dazu mussten auch weitere Maßnahmen ergriffen werden, um die Missachtung der Prüfaufgaben zu unterbinden. Da alle Prüfungen über eine Software realisiert werden, wurden eine Auswertmöglichkeiten für den Vorgesetzten geschaffen. Ist eine Mitarbeiterin auffällig oder es kommt zu einer Reklamation aufgrund der Wareneingangskontrolle, wird die Mitarbeiterin zu einem persönlichen Mitarbeitergespräch eingeladen. Im Wiederholungsfall ist mit mündlichen und schriftlichen Abmahnungen und in der letzten Konsequenz mit einer schriftlichen Kündig vorzugehen.

Um Anreize für die Faktoren Erwartung und Instrumentalität zu schaffen, wurden zwei weitere Punkte umgesetzt.

Aus meiner persönlichen Erfahrung steigert Weiterbildung unheimlich die Motivation auf Neues, aber auch die Verbundenheit mit dem Unternehmen. Unternehmen, die jemanden Weiterbildung ermöglichen, hält man länger die Treue. Für den Faktor Instrumentalität wurden daher kostenlose Weiterbildungsmöglichkeiten den Mitarbeiterinnen in Aussicht gestellt, die ganzjährlich gute Arbeit leisten und die Prüfungen gewissenhaft durchführen.

Durch diese Weiterbildungsmöglichkeiten will man den Mitarbeiterinnen auch die Möglichkeit einer Beförderung in Aussicht stellen. Durch das stark wachsende Unternehmen wird die Abteilung Wareneingangsprüfung wahrscheinlich nicht lange ohne Teamleiter auskommen, aber auch andere Positionen im Unternehmen müssen neu besetzt werden. Über diese Aussichten wurde versucht, den Faktor Erwartung zu erreichen.

4.4 Wirksamkeitskontrolle

In den monatlich stattfindenden Teambesprechungen wurden die Reklamationen der Produktion und der Kunden besprochen und die Kennzahl abgeleitet. Durch diese einfache Maßnahme konnte das „Wir-Gefühl" im Team sehr stark gesteigert werden. Es wird zusammen an Maßnahmen zur Senkung der Reklamationsquote gearbeitet und die Mitarbeiterinnen sind sehr aktiv bei der Umsetzung dieser Maßnahmen.

Nach der Umsetzung aller oben genannten Maßnahmen wurde Ende letzten Jahres noch einmal ein persönliches Mitarbeitergespräch mit allen beteiligten Personen durchgeführt. Die getroffenen Maßnahmen wurden durchweg positiv bewertet. Vor allem die interne Abstimmung der Prüfplanung mit der Wareneingangskontrolle wurde als sehr lohnenswert betrachtet. Es hat sich herausgestellt, dass auch die Abteilung Prüfplanung von diesem Austausch profitiert. Die Mitarbeiterinnen der Wareneingangsprüfung können hier ihre Ideen und Erfahrungen einbringen, um den Ablauf zu verbessern.

Es zeigt sich, dass die Reklamationszahlen kontinuierlich sinken und die Motivation und Begeisterung für die Arbeit sich sehr verbessert haben.

4.5 Fazit

Erst durch diese Hausarbeit habe ich das Thema Mitarbeitermotivation im Unternehmen präsent gemacht. Ich bin erst 9 Monate Abteilungsleiter der Qualitätssicherung und Qualitätsmanagementbeauftragter. Durch die Recherchen und dem Versuch, diese Theorien in die Praxis umzusetzen, habe ich gemerkt, wie wichtig motivierte Mitarbeiter für das Unternehmen sind.

Egal, welchen Ansatz einer Motivationstheorie man nimmt, es ist wichtig als Vorgesetzter ein offenes Ohr, aber auch einen guten Spürsinn zu haben. Die Motivationstheorien helfen dann die Bedürfnisse, Sorgen und auch Ängste der Mitarbeiter zu verstehen und mit gezielten Maßnahmen entgegenzusteuern. Der Leistungsabfall der Mitarbeiter konnte durch die oben genannten „kleinen" Maßnahmen annähernd beseitigt werden.

Aus meiner Sicht werden gerade im Qualitätsmanagement motivierte Mitarbeiter immer wichtiger, um komplexe Probleme so zielführend und effektiv wie nur möglich zu lösen. Dadurch kann sichergestellt werden, dass auch weiterhin der Ausdruck „Made in Germany" ein Qualitätssiegel für Produkte ist und Kunden für diese Qualität bereit sind zu zahlen.

Motivierte Mitarbeiter tragen somit nicht nur zu mehr Arbeitsleistung, sondern auch zum gesamten Unternehmenserfolg bei.

5. Literaturverzeichnis

Baum, Birgit (Hg.): Studienbrief 2 UNF - Personalführung. 3. Auflage 2013: Hambuger Fernhochschule.

Becker, Fred G. (2002): Lexikon des Personalmanagements. Über 1000 Begriffe zu Instrumenten, Methoden und rechtlichen Grundlagen betrieblicher Personalarbeit. Orig.-Ausg., 2., aktualisierte und erw. Aufl. München: Dt. Taschenbuch-Verl. (Dtv Beck-Wirtschaftsberater, 5872).

Die Zwei-Faktoren-Theorie von Herzberg. Online verfügbar unter http://www.intrinsische-mitarbeitermotivation.de/seite-9.html, zuletzt geprüft am 31.12.2016.

Gallup-Institut: Engagement Index Deutschlad. Online verfügbar unter http://www.gallup.de/183104/engagement-index-deutschland.aspx, zuletzt geprüft am 04.01.2017.

Intrinsische Motivation vs extrinsische Motivation | Anchu Kögl. Online verfügbar unter http://anchukoegl.com/intrinsische-motivation-extrinsische-motivation/, zuletzt geprüft am 27.12.2016.

Jung, Hans (Hg.) (2010): Allgemeine Betriebswirtschaftslehre. 12. aktualisierte Aufl. München: Oldenbourg (BWL 10-2012).

Nerdinger, Friedemann W.; Blickle, Gerhard; Schaper, Niclas (2014): Arbeits- und Organisationspsychologie. Mit 51 Tabellen. 3., vollst. überarb. Aufl. 2014.

Rheinberg, Falko; Selg, Herbert; Salisch, Maria von (2004): Motivation. 5., überarb. und erw. Aufl. Stuttgart: Kohlhammer (Urban-Taschenbücher, 555).

Seitz, Helmut (2010): Arbeitsmotivation und Arbeitszufriedenheit. Dargestellt am Beispiel operativ und nicht operativ tätiger Krankenhausärzte. Wien: Facultas.wuv.

Wieser: ABRAHAM MASLOW. Online verfügbar unter http://www.social-psychology.de/do/PT_maslow.pdf, zuletzt geprüft am 29.12.2016.

Wikipedia (Hg.): Datei:Maslowsche Bedürfnispyramide.png. Online verfügbar unter https://de.wikipedia.org/wiki/Datei:Maslowsche_Bed%C3%BCrfnispyramide.png, zuletzt geprüft am 05.01.2017.

Wirtschaftslexikon24 (2015): Zwei-Faktoren-Theorie - Wirtschaftslexikon. Online verfügbar unter http://www.wirtschaftslexikon24.com/d/zwei-faktoren-theorie/zwei-faktoren-theorie.htm, zuletzt aktualisiert am 17.11.2015, zuletzt geprüft am 02.01.2017.

6. Abbildungsverzeichnis

Lightning Source UK Ltd.
Milton Keynes UK
UKHW011136271220
375899UK00004B/803